Washington Luiz Bastos Conceição

Um casal de idosos no tempo do vírus

Um caso de isolamento social na pandemia Covid-19

 Washington Luiz Bastos Conceição

Washington Luiz Bastos Conceição

Reitero meu profundo agradecimento
à Leilah, minha esposa, pelas revisões que fez dos
meus escritos e pela infinita paciência em aturar o
entusiasmo do marido octogenário que resolveu
escrever e publicar livros e crônicas depois de velho.

Washington Luiz Bastos Conceição

SUMÁRIO

Washington Luiz Bastos Conceição

Apresentação

Estamos no meio do ano de 2022 e ainda não há um posicionamento claro no mundo sobre a declaração de final da pandemia do Covid-19, vírus que se apresentou em variantes sucessivas. De início, em 2020, avassalador. Em 2021, com a disponibilidade das vacinas, os números de casos e mortes tiveram uma queda, mas, no segundo semestre, com o advento das novas variantes do vírus, a Delta e, a seguir, a Ômicron, voltaram a crescer. Esta última variante, de rápida e ampla contaminação, causou um aumento muito forte do número de casos, mas com a característica de ser bem menos letal. No final do primeiro semestre de 2022, os números acumulados globais de casos de Covid-19 e de mortes pelo vírus foram, respectivamente, 549 bilhões e 6,34 milhões. No período foram aplicadas 12,1 bilhões de doses de vacinas.

Esse ataque à humanidade, que, com a aplicação de vacinas e a imunização pela própria doença, tem, hoje, características mais brandas, provocou uma crise econômica da qual nenhum país escapou: além das despesas diretamente ligadas às providências médicas e científicas, o isolamento social exigido provocou a paralisação ou redução de várias atividades econômicas.

Lembrando de como se iniciou a pandemia: no quarto trimestre de 2019, foi noticiado o surgimento, na China, de um novo vírus de gripe, letal, terrivelmente contagioso, que atacava os pulmões de uma forma fulminante. Casos passaram a ser anunciados, inicialmente na Itália, depois Espanha e, em sequência, em toda a Europa e no mundo todo.

Em pouco tempo chegou ao Brasil, registrando-se os primeiros casos e óbitos em março de 2020. A população brasileira teve, então, de entrar em isolamento social.

Até então, Leilah, minha esposa, e eu, idosos octogenários, estávamos relativamente bem, em atividade em casa, visitando e recebendo os filhos, netos e amigos, fazendo os tratamentos médicos necessários e até exercícios físicos, programados para nossas condições específicas, na academia do clube. Enfim, estávamos levando uma vida normal para nossa idade. O isolamento social alterou profundamente nossa vida (como, aliás, aconteceu com todos os nossos conhecidos).

   Washington Luiz Bastos Conceição

Diante de situação tão insólita, decidi registrar o comportamento e atividades do casal no primeiro mês, por meio de uma crônica publicada em meu blog. Com a continuidade do isolamento, passei a publicar crônicas sobre o assunto que acabaram formando uma série. Meus depoimentos incluíram muita atividade doméstica, nossa visão dos acontecimentos, nossa reação às dificuldades do isolamento social, enfim nosso tipo de vida durante a pandemia. Imaginei que, com pequenas variações, nossa situação seria semelhante à de outros casais idosos, classe média, aposentados, residentes em uma cidade grande, no Brasil.

Mais do que eu esperava, as pessoas que comentaram as crônicas diziam, com frequência, que a situação delas era semelhante ("Durante a leitura, parecia-me estar diante de um espelho a refletir a rotina daqui de casa.", escreveu um dos meus primos do Paraná). E vários dos leitores não tinham perfil semelhante ao nosso.

Em março, quando se completaram dois anos de pandemia, escrevi a última crônica da série. Nestes três últimos meses, constatei que entramos em uma fase cujas condições não vão se alterar tão cedo, parecendo que este "modus vivendi" já é, por um bom tempo, o "novo normal", pois, embora permaneça o risco da doença porque o vírus não foi neutralizado, a vacinação prossegue, os protocolos estão menos rigorosos e as atividades das pessoas estão sendo totalmente retomadas.

Em nosso caso específico, entramos em comportamento social prudente, menos rígido nos cuidados que tomávamos no início do isolamento.

Como me pareceu importante publicar em livro o que um casal idoso passou nessa temporada de isolamento social intenso, reuni neste as crônicas, mantendo as impressões e os sentimentos vividos e comentados em cada fase da pandemia.

Tenho plena consciência de que nossas condições confortáveis de vida tornam nossa saga menos difícil do que a de muitas outras pessoas, mas penso estar fazendo um registro bastante ilustrativo da vida de um casal idoso durante a pandemia no Brasil, na cidade do Rio de Janeiro. Registro que poderá ser do interesse de nossos pósteros e que, para os sobreviventes da pandemia, servirá para que não esqueçamos.

Rio de Janeiro, 30 de junho de 2022

Nota:

        Washington Luiz Bastos Conceição

O título do livro, também usado nas crônicas, foi inspirado no título do livro de Gabriel Garcia Márquez "El amor en los tiempos del cólera".

***

Washington Luiz Bastos Conceição

O casal entra em isolamento social

Rio de Janeiro, 4 de abril de 2020

Desde o dia 12 de março deste surpreendente ano de 2020, uma quinta feira, não saímos de casa, Leilah e eu. Somos idosos octogenários, do grupo de vítimas prediletas do novo coronavírus, o agora famoso Covid-19.

Nos primeiros três dias, já não saímos do edifício em que moramos, mas eu ainda descia do apartamento até a portaria, quando necessário. A diarista nos atendeu na segunda feira seguinte, dia 16, já com os cuidados largamente recomendados pelas autoridades da saúde (a troca de roupa ao chegar e a frequente lavagem de mãos com água e sabão, além do distanciamento pessoal); a rotina de compras continuava a mesma, a maior parte pela internet e itens de hortifrúti pela diarista. Entretanto, o noticiário da evolução dos casos de coronavírus no Brasil passou a ser dramático, enfatizando a necessidade de cuidados rigorosos, especialmente no caso de idosos. A partir do quarto dia, não chegamos nem ao elevador.

Vendo que tínhamos de entrar em isolamento completo, decidimos interromper a vinda da diarista por tempo indeterminado, dando-lhe uma espécie de licença remunerada, apesar de seus serviços serem muito convenientes para nós; ela é eficiente na cozinha e na arrumação da casa. Mora em um subúrbio do Rio e, para chegar aqui, usa trem e metrô. Vamos chamá-la de volta, após a crise.

O confinamento trouxe para nós mudanças importantes no dia a dia.

Antes, embora ficássemos bastante tempo em casa, saíamos quase diariamente durante a semana, principalmente para exames clínicos, consultas, fisioterapia, exercícios no clube, visitas a drogarias e compras de hortifruti; estas complementavam as compras de supermercado pela internet. Em fins de semana, quando oportuno, visitávamos ou recebíamos os filhos. Éramos clientes assíduos do Úber, pois deixamos de dirigir e, já faz alguns anos, vendemos o automóvel.

Agora, confinados e sem a diarista, temos tido bastante atividade doméstica, de cozinha, limpeza e arrumação da casa, procurando não fazer excessos em relação à nossa capacidade física. Tomando os necessários cuidados, estabelecemos um programa de trabalho, no qual sou ajudante da Leilah.

        Washington Luiz Bastos Conceição

Neste programa, está sendo de muito valor o treinamento em tarefas domésticas que Leilah, quando mocinha, recebeu de sua mãe. Por exemplo, ela aprendeu a cozinhar nas férias escolares. Eu aprendi alguma coisa por incumbência. Por exemplo, nos tempos de Heliópolis, quando tinha onze anos, eu era encarregado de acender o fogo de carvão e preparar o café de manhã cedo; e, também, ajudava minha mãe em outras tarefas quando estávamos sem empregada.

Assim, Leilah, arquiteta que se transformou em profissional, gerente e consultora de informática, tem também conhecimento e experiência nos trabalhos da casa, o que sempre foi muito importante em nossa gerência doméstica e, agora, nesta situação especial, faz com que ela, aos 84 anos, possa executar as tarefas sem maiores dificuldades. Eu colaboro o máximo possível e cuido para que ela não exagere na dose.

Tenho tarefas específicas onde enfrento as exigências de isolamento e higienização para evitar contágio do vírus; por exemplo, jogar o lixo fora, receber as encomendas e varrer a casa e tirar o pó dos móveis.

As compras passaram a exigir mais atenção e estamos tendo de usar até técnicas de controle de estoque. Agora, após levantarmos o estoque disponível dos mantimentos, fazemos a previsão das necessidades considerando os novos prazos de entrega (passaram, em março, de um dia para quinze dias). A operação das compras pela internet, feita pela Leilah, que já não era muito fácil por algumas dificuldades encontradas nos sites, se tornaram mais trabalhosas e demoradas. Quando tivemos dificuldades nas compras, os filhos nos socorreram, de forma que não nos faltou nada.

O estoque dos alimentos guardados no congelador, preparados ou por preparar, é também controlado: fazemos levantamentos, registros de entradas e saídas e previsão do consumo.

Quanto aos cuidados contra a contaminação, foi interessante observar como, por força de reiteradas recomendações recebidas por todos os meios, fomos aumentando os cuidados com a higienização e distanciamento social. Por exemplo, passamos, gradativamente, de um procedimento normal no recebimento das compras de supermercado a tomar os cuidados que, de início, nos pareceram coisa de paranoicos, como limpar com álcool as embalagens e lavar os vegetais com líquido desinfetante, unidade a unidade. O jornal, que nos fins de semana recebemos em

     Washington Luiz Bastos Conceição

papel, descartamos sem ler. Lemos apenas sua versão digital. Temos usado máscaras, luvas e álcool 70.

Desde o início de nosso isolamento, nossos filhos não entram em nosso apartamento. Comunicamo-nos por telefone, usamos o WhatsApp e, quando eles nos socorrem com compras, deixam as caixas ou sacolas na porta do apartamento.

Felizmente, estamos passando bem e nos cuidando muito para não precisarmos de atendimento médico. Mantemo-nos em contato com nossa clínica-geriatra, com a qual tivemos uma consulta um pouco antes do isolamento. Temos nos alimentado muito bem, com uma dieta balanceada, e temos feito exercícios físicos, algumas séries que aprendemos recentemente na "malhação" do clube.

Como atividade social, estamos nos comunicando, por telefone, WhatsApp e e-mail, com a família e amigos, trocando informações ou simplesmente conversando. Outro dia, até fizemos uma reunião de toda a família pelo computador, usando o aplicativo Zoom, que eu não conhecia. Foi muito agradável. Estendeu-se do Rio a São Paulo e à Califórnia.

Bem, prezada leitora ou caro leitor, você poderia perguntar "E as cabeças, como estão?" – e eu responderia: "Boa pergunta!"

Boa pergunta, porque não há dúvida que o noticiário internacional e nacional, intensamente focado no Covid-19, incessante, dramático e assustador, mexe com a cabeça de todo mundo. O nacional, para nossa tristeza e preocupação, inclui também uma guerra entre políticos e poderes.

Eu que, desde o ano passado, muito antes do vírus, vinha me irritando fortemente com a guerra dos políticos, passei a me exaltar com a atitude de todos nesta crise inédita para o País. Leilah, notavelmente equilibrada nestas circunstâncias, muito preocupada comigo, me abriu os olhos para o problema. Decidi, então, me proteger, lembrando, mais uma vez, que meu círculo de influência é infinitamente menor que o círculo de preocupação, agora altamente ampliado.

Intensifiquei a leitura de livros. Na falta das transmissões ao vivo dos jogos de futebol, estou assistindo a vídeos de jogos importantes selecionados pelas emissoras de televisão; estou, com Leilah, mantendo nossa "happy hour" com filmes na televisão e continuo com meus passatempos que, supostamente, servem de prevenção para os males mentais dos idosos.

Quanto às crônicas, depois de não ter conseguido escrever em março, por dificuldade de concentração, deixei a continuação da série "Osmar e Jurema" para depois e decidi fazer esta crônica que, espero, seja do interesse dos leitores, principalmente daqueles que estão em situação semelhante à deste casal.

Sabemos que este isolamento deverá se prolongar, talvez até junho, mas continuaremos enfrentando as dificuldades seguindo o conselho que ouço e leio desde criança: "Ajuda-te, que Deus te ajudará!".

Notas:

"Nunca passamos por uma situação como esta!", ou expressão equivalente, é o que mais ouço e leio nestes tempos do coronavírus. E é verdade. Aqueles que têm conhecimento da epidemia terrível de gripe espanhola ocorrida de 1918 a 1919 – os avós paternos da Leilah, minha esposa, adquiriram a gripe e a avó Prima faleceu – fazem, forçosamente, a comparação. Esta foi uma pandemia terrível, com estimativas da quantidade de mortes causadas em todo o mundo variando amplamente; a mais baixa foi de 17 milhões de pessoas (a população mundial era menos de 2 bilhões).

Outra gripe famosa foi a Gripe asiática com 2 milhões de mortes, ocorrida no período 1957-1958. Desenvolveu-se no norte da China e avançou para a Ásia, Oceania, África, Europa e Estados Unidos. Alastrou-se mundo afora em dez meses, principalmente por terra e mar. Não me lembro de nos ter afetado no Brasil, pois eu trabalhava normalmente como engenheiro civil no estado de São Paulo.

Pelo que se observa, a grande diferença desta epidemia do Covid-19 para as anteriores é a rapidez da transmissão do vírus de país a país e, a seguir, a contaminação em cada um deles. Está sendo insuperável. Nesta era digital, parece que o vírus vem pela internet e pula dos dispositivos para cima das pessoas.

Afinal, a situação que estamos experimentando no mundo todo é, mesmo, única na história: além do isolamento social e da quarentena, vivemos todas as providências maiores dos governos dos países, como a limitação geral de viagens aéreas, fechamento de fronteiras e interrupção de atividades profissionais não essenciais. No Brasil, nunca tivemos algo parecido.

*** *

Cem dias de reclusão

Rio de Janeiro, 20 de junho de 2020

Na semana passada, Leilah e eu participamos da reunião de aniversário de nossa nora Adriana, que costuma comemorar a data oferecendo uma festa aos parentes e amigos. Desta vez, foi diferente. A reunião foi virtual, cada qual em sua casa, usando um desses softwares disponíveis em sites específicos. Por bastante tempo, participaram as famílias, dela e nossa, e alguns de seus grandes amigos que, por extensão, são nossos também. O alcance da reunião, que, no Brasil, compreendeu Rio de Janeiro, Juiz de Fora e Goianá (Minas Gerais), se estendeu até a Califórnia. A maioria era de pessoas que, em condições normais, se veem com frequência e que, agora, não estão podendo se encontrar.

Vendo-nos, os participantes, nas respectivas telas de computador, tablet ou celular, tivemos uma conversa sobre variados assuntos, daquela maneira informal de irmãos e amigos que se reencontram, quando o importante é se verem e se falarem. Em destaque, houve comentários sobre a pandemia e o isolamento, o que me levou a prometer escrever mais esta crônica sobre o assunto.

Ontem, completamos cem dias de isolamento social, o mais rigoroso possível.

Levantei-me bem cedo, às seis horas, e fui até a sala. Abri a cortina e a janela para, como faço habitualmente, contemplar a paisagem marcada pela lagoa Rodrigo de Freitas com as montanhas ao fundo, em que se destaca o Corcovado com a estátua do Cristo Redentor. Sempre muito bonita quando faz bom tempo, a vista apresentava uma beleza diferente. Embora pouco afeito ao manejo do celular, consegui fotografar e surpreendi-me com o resultado.

Lembrei dos amigos com quem troco votos de "Bom dia!" pelo WhatsApp e resolvi ilustrar minha mensagem lhes enviando a foto que, em cores fortes, ficou muito bonita, com o perfil do corcovado e dos morros atrás da lagoa em cor negra contrastando com as faixas amarelas do céu em fundo cinza. Extasiante, parece-me um bom qualificativo para o quadro. Pintura dramática em tintas fortes. Um bom começo para o centésimo dia.

Em vez de iniciar meu trabalho diurno de preparo do nosso café da manhã, passei aos preparativos para receber a profissional do laboratório médico que viria coletar nosso sangue, o meu e o da Leilah, para os exames de acompanhamento médico. Frequentador assíduo de laboratórios, não tive dificuldade em separar os documentos necessários e preparei o "posto de coleta" na porta de entrada do apartamento, pois, como fizemos quando tomamos a vacina no começo do isolamento, quisemos evitar que a profissional, por mais paramentada que ela viesse, entrasse em casa. Diferente da aplicação da vacina, a coleta de sangue não poderia ser feita com os pacientes de pé. Como não temos cadeira semelhante àquelas usadas nos laboratórios (com uma peça para apoio do braço), tive de improvisar usando uma cadeira baixa e um banco alto. Deixei os documentos e as máscaras próximas ao posto de coleta e fui trabalhar um pouco no computador, para distrair a fome, pois a coleta estava marcada para as oito e vinte e estávamos em jejum. Deixei Leilah dormir até as sete e meia, pois ela tinha tido insônia. A profissional chegou às oito e meia, com a vestimenta completa para o trabalho e propriamente equipada, fez o duplo trabalho de documentação do exame (no celular) e a coleta propriamente dita, com total desembaraço e eficiência. Nota dez com louvor.

Terminada a coleta, após as providências de higienização, poucas, mas necessárias, dos itens utilizados na operação, passamos à preparação e degustação de nosso merecido café da manhã.

Admirado, penso: cem dias, mais de três meses, sem sair do apartamento! Nunca imaginei que passaria por algo semelhante e passo a analisar como estamos agindo para enfrentar essa situação.

De uma forma geral, comportamo-nos como descrevi na crônica de 4 de abril, sem jamais esquecer-nos de que, octogenários, estamos no grupo de vítimas prediletas do famigerado Covid-19. Porém, há o que comentar sobre acontecimentos desde aquela data e contar como está o casal neste marco importante da aventura.

Nossa diarista continua licenciada, de modo que mantemos intensa atividade doméstica, com um dia a dia um tanto cansativo para nossa idade e condições físicas. As compras de supermercado continuam bastante trabalhosas, principalmente por causa dos procedimentos de higienização necessários na ocasião do recebimento. Porém, o sistema de entrega em domicílio (eu devia escrever "delivery"?) tem funcionado bem, com prazos razoáveis.

 Washington Luiz Bastos Conceição

Enfim, nosso cotidiano se mantém conforme descrevi na crônica anterior, com algumas novidades e incidentes.

Devido à intensa recomendação sobre a necessidade de absorver vitamina D para estar preparado para me defender do vírus, submeto-me, quando possível, a um improvisado banho de sol no apartamento. O meu edifício, o Meia Lua, não tem varanda, mas sua fachada principal é a face norte, recebe o sol durante toda sua gloriosa trajetória nos céus do Rio. Neste mês, aproveitando os dias de bom tempo, meus caros vizinhos, especialmente aqueles com crianças, estendem toalhas no gramado do jardim e outros caminham, bem afastados uns dos outros, pela passarela frente às portarias internas. Eu, que não desço, pois não visito os elevadores, abro amplamente a janela da sala principal, sento-me em frente a ela, de calção, por uma meia hora (frente e verso) e procuro esquecer meus tempos de praia, porque a comparação é triste. É um programa bem moderado, ao qual Leilah adere de vez em quando.

Nesta temporada difícil, nossa principal preocupação é de nos mantermos bem, para evitarmos recorrer a emergências médicas, incluindo dentista. Eu tive um pequeno problema no punho por fazer um esforço que não combina com minha idade, mas foi resolvido com aplicações de pomada específica e um anti-inflamatório, sob orientação remota de nossa cara geriatra.

Nossa comunicação com vários grupos da família e de amigos é muito intensa e importante. Cada grupo tem suas características, são assuntos variados e enfoques diferentes quanto à pandemia. Muitas vezes, seletivamente, encaminhamos mensagens de um grupo para o outro, em função do tipo de interesse de cada um. É, realmente, um relacionamento social muito bom e que nos auxilia mutuamente a lidar com o isolamento.

Em maio, tivemos o Dia das Mães e o aniversário da Leilah. Em ambos, Leilah recebeu, trazidos em domicílio, cestas de café da manhã e outros presentes, e fizemos reuniões virtuais da família usando, nos dispositivos eletrônicos, os ótimos softwares agora disponíveis. Por acrescentarem, nas comemorações, imagens e bons bate-papos, são da máxima importância para nós.

Continuo me protegendo do noticiário altamente pessimista e assustador da grande mídia; Leilah, com cuidado, me mantém informado sobre os fatos mais

 Washington Luiz Bastos Conceição

importantes. Vacinei-me mentalmente contra as abundantes "fake news", com fotos e vídeos, divulgadas pela internet e mediante mensagens do WhatsApp. Gradativamente, passei a suportar alguns noticiários, mesmo que tendenciosos, mas me recuso a ouvir comentários, pois são orientados pelas editorias das emissoras e jornais, todos em plena campanha política. Além das tristes e preocupantes notícias políticas, as informações sobre a pandemia procuram assustar o público, de forma consistente. Por exemplo, as manchetes anunciando, de maneira enfática, que a quantidade de óbitos no Brasil superou a da Bélgica, podem fazer leitores menos atentos esquecer que a diferença de população dos dois países é muito grande. A do Brasil é 18 vezes a da Bélgica. Outro exemplo: manchetes como "Hoje, nestas 24 horas, os óbitos no Brasil atingiram seu recorde!", encobrem o fato de que os números não refletem realmente os óbitos ocorridos naquelas 24 horas, mas sim os registros informados naquele dia, que incluem falecimentos ocorridos em dias anteriores.

Na realidade, o que todos gostariam de ter é a previsão de até quando (ou "quosque tandem", como dizia Cícero) o Covid-19 nos manterá presos.

Para minha orientação, estou aproveitando o tempo disponível para levantar os números do coronavírus no Brasil, informados pelo Ministério da Saúde, e fazer gráficos no formato de minha preferência. Alguns de meus amigos estão fazendo coisa parecida. Um deles, que tem como hábito viajar pelo mundo inteiro, por lugares os mais variados (ultimamente, ele e sua mulher estiveram em lugares tão diferentes como as ilhas Maldivas e a Islândia, a Suécia e o Vietnã) construiu e está atualizando uma planilha gigantesca com dados de todos os países do planeta que ele obtém na Johns Hopkins University. A planilha contém gráficos que venho consultando, pois ele faz a gentileza de me enviar as atualizações.

Nesse trabalho, que é mais uma distração no isolamento, o que procuro, principalmente, é vislumbrar quando estaremos perto do topo das curvas de casos de contaminação e de óbitos no Brasil, ignorando a manipulação dos noticiários envenenados. Prever o topo da curva e o início da queda dos números é muito difícil para os profissionais, de modo que eu não me atrevo nem a pensar em fazer qualquer previsão. Contudo, o que os números estão indicando é uma estabilização da média semanal da ocorrência dos óbitos diários, que poderá ser

     Washington Luiz Bastos Conceição

seguida de redução, que, ao que parece, não será rápida. O gráfico abaixo, que copiei do site do Ministério da Saúde, me leva a fazer estas considerações.

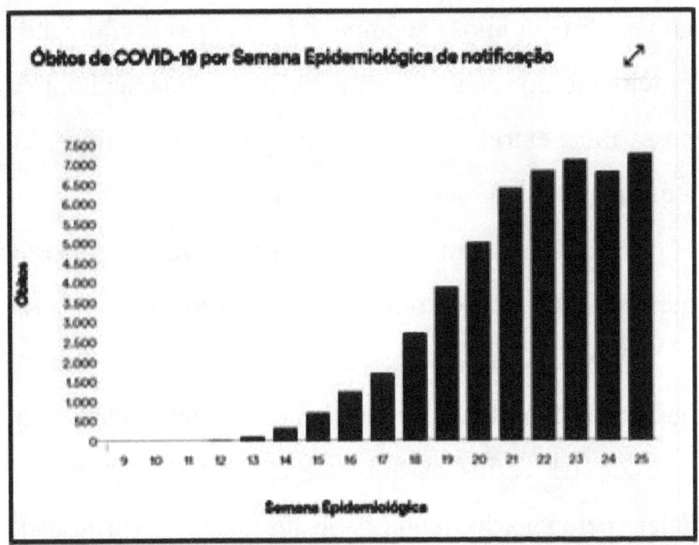

Observação: A semana 25 é esta de 14 a 20 de junho de 2020

Quanto aos novos casos de infectados, continuam crescendo sensivelmente, o que deve ser atribuído, em parte, à maior disponibilidade de testes. O Ministério vem, também, informando os números de casos recuperados e em acompanhamento.

Ao acompanhar os números da pandemia, não esqueço o fato de que se trata de pessoas que estão perdendo a vida por causa do vírus e de outras que estão em estado grave. A crise é carregada de luto e tristeza.

Aos poucos, ficamos sabendo de casos de amigos e conhecidos que se contaminaram, alguns em estado grave. Procuramos acompanhar os casos, torcendo fortemente por eles. A recuperação de uma senhora da nossa faixa etária, mãe de um amigo de meus filhos, foi a ótima notícia da semana passada.

O isolamento social não impede que eu saiba de meus amigos idosos, todos em casa como eu.

Aqueles ex-colegas da IBM do grupo do almoço quinzenal continuam em comunicação pelo WhatsApp, tratando de vários assuntos. Estão bem, embora um deles, octogenário, tenha dado um susto: por causa de uma febre alta, esteve na emergência de um hospital, fez uma tomografia do tórax, mas voltou para casa, onde permaneceu isolado da família, e se recuperou.

Meu grande amigo e vizinho de rua, idoso, mas dez anos mais novo, acrescentou ao seu hobby de fazer pães especiais em casa a atividade de queijeiro, para o que comprou todo o equipamento necessário. Ele, como todos nós avós, sente muita falta dos netos; em seu caso, netos pequenos em fase de desenvolvimento rápido e surpreendente.

Ironicamente, algo de positivo vem acontecendo como consequência do regime de isolamento: os homens estão ajudando nas tarefas domésticas, as esposas inexperientes de cozinha estão preparando almoços até sofisticados e rapazes, seu café da manhã. E, muito importante, os pais estão convivendo mais com os filhos.

Algo que provavelmente vai se estender após o isolamento, o trabalho em casa usando computadores está se mostrando bastante eficiente em diversas áreas de atividade, de tal forma que se espera que ele se torne uma alternativa normal quando passar a pandemia.

Nestes cem dias, constatei que uma das principais características desta pandemia é a confusão que sofremos, toda a população, com as manifestações controvertidas de profissionais. Agindo por distintos motivos, uns informam que, por exemplo, o tratamento com a hidroxicloroquina, combinada ou não com outra droga é eficiente na fase inicial da infecção, enquanto outros afirmam que, baseados em estudos e pesquisas (mencionando as fontes), esses medicamentos não devem ser aplicados de jeito nenhum, pois seriam muito prejudiciais ao doente. Quando se trata das formas de transmissão do vírus, há as mais variadas opiniões, dentre as quais poucas se destacam como unânimes. Cumpro as recomendações de higienização mais por obrigação do que por convicção.

Em abril, escrevi: *"Sabemos que este isolamento deverá se prolongar, talvez até junho"*. Agora, minha estimativa é de que os idosos continuarão precisando de cuidados especiais para evitar a contaminação, talvez algo que permita aliviar o isolamento, até termos uma vacina de efeito comprovado, o que não está previsto para breve.

Entretanto, mantenho a esperança de que os cientistas, em um mundo tão avançado em tecnologia, descubram, o mais breve possível, tratamentos eficientes da doença causada pelo vírus e a forma de imunização.

***

Notas:

1. Meus amigos do "Bom dia!" gostaram muito da fotografia. Um deles pediu permissão para usá-la em sua capa do Facebook.

2. O título desta crônica foi inspirado no título do livro "Cem anos de solidão" (versão em Português) de Gabriel Garcia Márquez.

***

Seis meses de isolamento

Rio de Janeiro, 12 de setembro de 2020

Hoje, Leilah, minha esposa, e eu contamos seis meses de isolamento social rigoroso.

Ao reler o que escrevi ao completarmos "cem dias de reclusão", constatei que nosso dia a dia praticamente não mudou: mantendo a diarista em licença remunerada, continuamos executando as tarefas domésticas, fazendo compras para entrega em domicílio e, na entrega dos supermercados, tendo todo aquele trabalho de higienização e conferência.

O cuidado com a saúde, de importância fundamental, tem sido o mesmo; alimentamo-nos bem, tomamos religiosamente nossos remédios e cuidamo-nos muito para evitar acidentes domésticos.

Nosso isolamento é rígido a ponto de nenhum dos filhos ter entrado em nosso apartamento neste tempo todo. Quando nos trazem presentes ou alguma compra especial, entregam-nos no hall de entrada e nos cumprimentam à distância, todos devidamente mascarados, nós e eles. Entretanto, em duas ocasiões, tivemos de permitir a entrada de técnicos no apartamento: para a troca do fogão e para a instalação da fibra ótica na linha telefônica. Embora tenhamos tomado todos os cuidados recomendados e os técnicos estivessem usando máscaras, ficamos preocupados com nossa exposição ao contágio.

Primeiro, tivemos necessidade de comprar novo fogão; ao recebê-lo, tive a ajuda de um empregado do prédio para levá-lo até a cozinha; por circunstâncias (tivemos de retirar a alça do forno de ambos os fogões, o novo na entrada e o velho na saída, para que pudessem passar pelas portas do apartamento) não pude guardar a distância recomendada, mas ambos estávamos com máscara. Para a instalação propriamente dita, ainda tivemos duas visitas de técnicos, pois não sabíamos que todos os fogões vêm de fábrica configurados para gás engarrafado e, no caso de gás encanado, que é o nosso, tem de ser feita a conversão para gás natural.

A quarta vez que tivemos técnicos dentro de casa foi na instalação da conexão de fibra ótica em nosso telefone fixo. Embora não tivéssemos interesse na troca, fomos obrigados a fazê-la, pois o telefone com linha de cobre havia, simplesmente, deixado de funcionar. Nesse dia, recebemos dois técnicos no apartamento, por, praticamente, uma tarde inteira. Estava um dia frio, mas,

 Washington Luiz Bastos Conceição

entre as outras providências protocolares, abrimos bem as janelas e criamos uma boa ventania em casa.

Passamos incólumes por todas essas provas.

O que fizemos de diferente, após os cem dias iniciais, foi aventurarmo-nos a caminhar na passarela do nosso edifício (calçada interna situada entre as portarias dos três blocos e o jardim), o que nos levou a voltar a usar o elevador após meses de isolamento. São caminhadas ao ar livre, em que mantemos distância dos dois ou três vizinhos que descem em nosso horário, todos nós devidamente mascarados e usando o álcool gel como desinfetante.

Nesse mesmo local, nossos filhos nos visitaram na hora do almoço para brindarmos o Dia dos Pais – todos mascarados, mantendo a distância recomendada. Foi uma reunião "presencial" excelente, muito animada, após meses de reuniões virtuais. E ganhei presente!

Em agosto, após vários adiamentos, marcamos consulta com nosso médico oncologista para o muito necessário acompanhamento pós-câncer. Uma semana antes, Leilah teve de fazer exames de imagem em um laboratório próximo. Jurema, nossa filha, a levou. No meu caso, bastava o exame de sangue que havíamos feito antes, com coleta na porta do apartamento. Dia 26 de agosto, fomos ao médico, novamente levados pela Jurema. O médico constatou que estávamos bem. Comemoramos com um almoço no Clube Piraquê, onde havíamos estado, Leilah e eu, no dia em que iniciamos o isolamento, 12 de março. A saída, para nós, se tornou uma festa.

Bem, se, porventura, estou dando ideia de que nossa vida em isolamento está ótima, devo dizer que estamos, apenas, procurando enfrentar a situação com galhardia. Na verdade, este período está sendo difícil para nós.

A extensão do isolamento social e a indefinição de quanto vai durar esta situação acabam afetando nossa cabeça.

Leilah, que gosta de sair de casa, seja para visitar os filhos e o neto carioca, seja para compras e outros compromissos ou, simplesmente, para passear, não se sente nada bem ao permanecer presa. Consciente do risco do contágio do vírus, aceita. Mas há dias em que ela fica desanimada, por qualquer razão.

Eu, mais caseiro, comodista, aceito melhor a reclusão, mas, por outro lado, sinto que exagero na preocupação com os protocolos de prevenção do contágio com o vírus e ao me irritar com alguma das notícias sobre a guerra política desencadeada no País (embora continue evitando assistir aos noticiários de televisão e ler jornais).

Mais grave, quando tenho algum mal-estar ou quando Leilah não está bem, sinto crescer o temor do que pode acontecer conosco, sós em casa. No mês passado, não me senti bem e constatei que minha pressão sanguínea havia subido além do habitual. Considerando este susto, as dores musculares e minha irritabilidade crescente, Leilah e eu decidimos consultar nossa médica, clínica e geriatra que nos acompanha já faz alguns anos, ultimamente até pelo WhatsApp. A doutora, sempre muito dedicada, nos atendeu no dia seguinte em casa – cumprindo todo o protocolo de proteção ao contágio. Além de me examinar, ela ouviu minhas queixas e a confissão de meus temores e me aconselhou que eu procurasse sair um pouco de casa e fizesse exercícios físicos, tomando todas as precauções protocolares. Foi uma ótima consulta, combinando o exame clínico com orientação terapêutica.

No dia seguinte, Leilah e eu tínhamos as consultas com o oncologista, as quais mencionei acima. Eu, que pretendia fazer uma consulta virtual, mudei de ideia e decidi ir ao consultório com a Leilah.

O médico oncologista nos achou bem e, quanto ao isolamento, fez aconselhamento semelhante ao da geriatra. Como contei, Jurema nos levou, em seguida, a almoçar no clube.

Estou me esforçando para manter a cabeça no lugar. Voltar a publicar esta crônica, depois de um bom tempo parado, é um dos resultados desse esforço.

As tarefas domésticas destes meses merecem um relato especial, detalhado; tarefas essas que, a vida inteira, foram executadas por empregadas sob a orientação da Leilah (com exceção de nossa temporada nos Estados Unidos no final da década de 1960, quando a Leilah se incumbia de tudo sozinha, usando todos os recursos de nossa casa americana e com muito pouca ajuda minha).

Pois, pasmem meu caro leitor ou minha prezada leitora, a idosa e o idoso vêm realizando um trabalho muito bom, apesar de suas limitações físicas, adaptando-se às condições do isolamento.

Na cozinha e na arrumação e limpeza da casa, sou o ajudante, obedecendo às ordens da chefe. Minhas tarefas específicas executo sozinho, de forma metódica, que sempre foi meu estilo, aperfeiçoado nos 24 anos de pós-graduação na IBM. O café da manhã para o casal, que é caprichado – até merece ser chamado "breakfast" – é todo por minha conta; preparo, sirvo e tiro a mesa. A tarefa de nos desfazermos do lixo – orgânico e reciclável – é uma incumbência minha, que requer que eu saia para o hall de serviço e, na volta, tenha de fazer a higienização necessária.

Na limpeza da casa, sou ajudante, mas recolher o lixo na pazinha e levá-lo ao recipiente apropriado é trabalho meu. Entre parênteses: nesta atividade vem a minha lembrança o Ernesto, faxineiro da Pensão Brasil, em São Paulo, onde minha família morou por algum tempo quando saiu do Paraná. Eu, que tinha uns cinco ou seis anos, observava como ele, ao varrer o corredor, recolhia o lixo na pá, com o cabo da vassoura apoiado no ombro e deslizando repetidamente a pá para trás até que todo o lixo "subisse" nela; ao lançar o lixo recolhido na lata, ele o socava com um dos pés (não era um lixo orgânico) para obter mais espaço para a coleta seguinte. Hoje, uso o sistema do Ernesto, apenas não comprimo o lixo com os pés. Quando tiro pó dos móveis, lembro da ajuda que eu dava a minha mãe, quando garoto, na falta da empregada.

No trabalho de limpeza temos, Leilah e eu, um grau de preocupação diferente: ela enxerga pó no chão e sobre os móveis e se incomoda muito mais com isso do que eu, que acho que a limpeza pode ficar para o dia seguinte. Este leve desentendimento me faz lembrar as cenas do filme "O estranho casal" ("The Odd Couple"), otimamente estrelado por Jack Lemon (Felix) e Walter Mathau (Oscar). Eles não conseguiram conviver no apartamento de Oscar por causa da mania de limpeza de Felix. Bem, nós outros aqui não chegamos a pensar em separação por causa desta divergência.

Arrumar nossa cama de casal é uma operação que fazemos a dois, pois a cama é grande e as peças são várias. Para nós, é mais um exercício físico (embora, quando a Leilah registra no relatório de seus exames Holter a arrumação da cama como exercício, a profissional que o recebe estranha muito).

As compras de supermercado e drogaria fazemos em conjunto, usando levantamento de estoque e planilhas de controle. Quem opera no computador é ela, mais paciente do que eu para lidar com as complicações dos sites dos fornecedores. É um trabalhão. O recebimento, como já comentei, é comigo.

As tarefas domésticas tomam um tempo considerável do dia.

Leilah ainda se incumbe do importante trabalho de controle financeiro do casal, que inclui os pagamentos todos e as operações junto ao banco, usando a internet. Além disso, mantém suas atividades relativas à empresa da família, interagindo com o escritório de contabilidade que nos atende. Poucas pessoas que ela contacta têm ideia de que estão tratando com uma senhora de 85 anos e é divertido quando uma delas fica sabendo disso.

Eu contribuo com procedimentos e planilhas de controle e, quando consigo, escrevo. Também continuo acompanhando o noticiário dos números de casos de infecção e de óbitos pelo vírus corona, no Brasil e em alguns outros países.

Importante é nosso tempo de lazer, a "happy hour", quando, à noitinha, tomamos um drinque e assistimos a um filme na televisão. Além disso, especialmente nos fins de semana, eu assisto a jogos de futebol e, com Leilah, de tênis.

Leitura, sempre que possível, em horários variados.

Hoje, quando completamos, Leilah e eu, seis meses de isolamento social, estamos comemorando o aniversário de um acontecimento decisivo em nossa vida: resolvemos, num longínquo 12 de setembro, após vários anos de pura amizade, namorar. Seguiram, nos prazos necessários para terminarmos os estudos, o noivado e o casamento. Em dezembro passado, completamos 60 anos de casados e, hoje, em nosso dia D (de decisão), celebramos 67 anos de namoro firme. Tim-tim!

***

Nove meses de isolamento

Na segunda capa de meu primeiro livro, o "Histórias do Terceiro Tempo", escrevi: "Imaginem que estamos batendo um papo sem compromisso, poucas pessoas, tomando umas e outras, espairecendo, cada um contando seus causos, numa boa. Então, vamos combinar assim: eu conto aqui vários casos, que selecionei por terem sido mais marcantes, e passo a aguardar os de vocês."

Escrevo estas crônicas da série com o mesmo enfoque e, nos comentários, vários dos leitores contribuíram ao descrever sua própria experiência destes dias. Nesta crônica, continuo chegando a detalhes e acrescento devaneios, para ilustrar o que estamos passando durante esta pandemia, a qual, patética, chega às raias do absurdo.

A impressão que temos, neste isolamento, é de que o tempo está fluindo com uma velocidade espantosa. Estes três meses, desde a crônica anterior da série, passaram "num piscar de olhos".

Continuamos nos cuidando para evitarmos saídas para emergências hospitalares. Contudo, dores causadas por artrose nos joelhos nos fizeram consultar um ortopedista da especialidade; o tratamento indicado foi fisioterapia, com sessões em casa. Estamos sendo tratados pela fisioterapeuta, muito competente, que atende a Leilah há cinco anos. Seguimos o protocolo de forma rígida, fazemos os exercícios requeridos e já estamos melhorando.

Eu visitei o urologista, consulta que estava devendo, e tive a boa notícia de que estou curado do câncer da próstata. Comemorei devidamente.

E, o que é essencial, mantemos nosso contato com os médicos que nos atendem, especialmente com a clínica-geriatra. Para tanto, o "WhatsApp" continua sendo extremamente útil.

Nosso cotidiano teve uma alteração importante: decidimos chamar de volta a faxineira para, em meia jornada, nos liberar da limpeza mais pesada do apartamento, que não estávamos em condições de fazer direito e nos cansávamos muito. Uma vez por semana, com tarefas específicas, o esquema está funcionando a contento.

Leilah continua cozinhando muito bem e meu desempenho como auxiliar de copa e cozinha, modéstia à parte, é digno de louvor.

Ao ajudá-la a procurar e apanhar os itens da geladeira e do freezer; ao etiquetar os recipientes de "tupperware" com os alimentos preparados por ela e ao levá-los ao freezer; ao registrar as entradas e saídas dos itens na folha de papel presa por ímãs à porta da geladeira; e ao ajudá-la a lavar as verduras e preparar a salada, penso em como os costumes mudaram, desde o tempo de minha juventude. Os homens não cozinhavam, não chegavam à cozinha; apenas faziam churrasco, devidamente premiados por caipirinhas e cerveja. Lembro, até, dos versos da letra de um baião dos anos !950, o "Baião de Dois", que diziam:

> "Homem não vai à cozinha
> que é lugar só de mulher..."

Há, ainda, as atividades de lavanderia. Leilah usa, quase diariamente e muito bem, a máquina de lavar roupa; eu me incumbo de ajudá-la a estender e recolher as peças dos varais que temos na área de serviço. A colocação em varais pequenos de lençóis e colchas de casal, grandes e pesados quando molhados, junto a outras peças, é difícil e requer um certo planejamento. Após recolhermos a roupa, vem o trabalho de dobrá-la, quando os lençóis apresentam uma dificuldade maior, especialmente aqueles que têm elástico. Ajudando a Leilah nestas tarefas, tornei-me também auxiliar de lavanderia.

Leilah costuma mexer comigo porque procuro metodizar todas minhas tarefas. Recentemente comentou: "Washington, você nunca foi tão engenheiro!".

Somando-se esses trabalhos domésticos àqueles que mencionei em crônicas anteriores, sobra pouco tempo e disposição para outras atividades, o que explica, em parte, minha baixa produtividade na escrita.

A preguiça, ligada a uma certa autoindulgência por minha idade avançada, me leva a longos períodos de lazer, principalmente junto à televisão. Como estou brigado com o noticiário da grande mídia, assisto principalmente a jogos de futebol, com preferência pelas excelentes partidas entre os grandes clubes europeus, onde atuam os melhores jogadores do mundo. À noitinha, com a companhia da Leilah, assisto a filmes.

Essa minha programação de televisão me faz lembrar de uma antiga piada que os paulistas me contaram nos idos dos anos 1990:

     Washington Luiz Bastos Conceição

Em uma cidade pequena do interior, onde ainda havia casas com janelas junto à calçada, um senhor passou pela casa de um amigo que estava com a janela aberta, assistindo a um programa de televisão. O passante cumprimentou o amigo: "Oi, compadre, 'firrme'?" o outro respondeu: "Não, 'futibór'".

Quanto à leitura, tenho lido e relido os livros e resumos históricos do século XX, para, nas crônicas sobre Osmar e Jurema, acrescentar às minhas lembranças fatos, nomes e datas que compunham os cenários em que viveram meus pais.

Equilibrada, Leilah lê bem mais do que eu – o jornal (digital) e livros – principalmente em seu Ipad. Ela me passa as notícias principais e comenta e recomenda os livros.

Neste ponto da crônica, poderá parecer aos leitores (o que já aconteceu com uma das outras da série) que estou até gostando do isolamento. Na verdade, as tarefas domésticas e o lazer constituem uma defesa psicológica nossa. De vez em quando, o casal analisa esta situação esdrúxula, estapafúrdia mesmo, que estamos vivendo e se sente infeliz, pois estamos privados de ver nossos filhos e netos, de estar com os amigos, de passear livremente por esta cidade maravilhosa. A pergunta se repete: "Até quando?". Lutamos para não entrar em depressão.

Continuo recorrendo ao freecell e ao sudoku para esquecer as preocupações: aquelas de ordem geral no país e no mundo e os cuidados com a família e os amigos. Especialmente, não posso ignorar que ainda está morrendo muita gente da Covid-19.

Porém, com o otimismo reforçado pelo nosso firme propósito de continuar nos cuidando, acompanhando casos de pessoas próximas que se trataram e superaram a doença e mantendo-nos informados sobre a evolução das vacinas, esperamos, apesar da idade avançada, sair do isolamento para a vida normal, mesmo se tratando de uma "nova normalidade" que, certamente, será uma consequência da pandemia.

Avante, pois!

***

 Washington Luiz Bastos Conceição

Reflexões e devaneios

Rio de Janeiro, 12 de dezembro de 2020

Em 1979, foi lançado o filme americano "Being There" ("Muito além do jardim", no Brasil), dirigido por Hal Ashby e estrelado por Peter Sellers e Shirley MacLaine, que conta a história de Chancey, um homem que nasceu, cresceu e amadureceu em uma mansão, sem sair de casa. Não estudou, a vida toda cuidava do jardim e, como lazer, assistia a programas de televisão. Quando o seu patrão morreu, teve de deixar a casa. Bem-vestido, levando sua mala e um guarda-chuva, viu-se, de repente, em ruas movimentadas de uma grande cidade (Washington, DC, Estados Unidos).

Lembrei desse filme quando saímos de casa, Leilah e eu, duas vezes, no mês de novembro; a primeira vez, para uma consulta médica da Leilah e a segunda, para ela fazer os exames de imagem solicitados pelo médico. Jurema, nossa filha, nos levou. Eu acompanhei para ajudar (basicamente, o que faço é companhia à Leilah enquanto Jurema estaciona o automóvel ou vai buscá-lo no local do estacionamento). Em ambas saídas, fomos à Barra da Tijuca, bairro na zona oeste da cidade do Rio de Janeiro, onde a cidade vem se expandindo intensamente nos últimos anos.

Essas saídas nos deram oportunidade de rever a cidade com seus grandes prédios, comerciais e residenciais, e, na segunda vez, um shopping center que já conhecíamos e não víamos há tempos, onde fica o Centro Médico que era nosso destino na segunda viagem.

Eu me senti um "Chancey", estranhando e admirando tudo que via, inclusive o comportamento das pessoas – mascaradas, mantendo distância entre si, fazendo medida de temperatura à entrada do shopping center obedecendo os protocolos no uso dos elevadores e na sala de recepção do laboratório; a entrada desta era controlada e somente uma pessoa podia acompanhar cada paciente. Jurema entrou como acompanhante, pois é ela quem auxilia os técnicos na colocação da Leilah nas mesas de exame. Fiquei no corredor, sentado, lendo um e-book no celular e, por algum tempo, falando com duas pessoas que puxaram conversa comigo ("O senhor acha que essa história toda do vírus é verdadeira?"). Todo o tempo, de máscara e mantendo uma boa distância das pessoas.

Foi uma espera longa, mas aguentei bem.

Na volta, minha filha fez um tour pelas avenidas das praias de São Conrado e do Leblon, para matarmos a saudade. Era o começo da tarde de uma quarta-feira ensolarada, havia muita gente nas praias; pessoas jogando "beach tennis" ou vôlei; muitas sob os guarda-sóis, em pequenos grupos razoavelmente afastados uns dos outros (não chegando a configurar aglomerações); e outras caminhando. Enfim, um ótimo lazer de que os idosos não podem participar sem arriscar a vida.

Leilah prestava muita atenção às novas construções e, nas ruas comerciais, observava os estabelecimentos que fecharam, foram substituídos ou mudaram de ramo.

Voltamos para casa cansados, mas confortados pelo passeio.

Essa observação "in loco" provocou em mim reflexões como: as pessoas, principalmente aquelas mais jovens, não se conformam com o isolamento social e procuram voltar, com o mínimo de restrições, a suas atividades normais (de antes da pandemia) porque contam com os tratamentos da Covid-19, que vêm tendo sucesso. Por outro lado, o recrudescimento dos casos da doença, apelidado "segunda onda", que está ocorrendo em muitos países, é um problema seríssimo para nosso sistema hospitalar. Problema que, a meu ver, tem dois aspectos: a capacidade de atendimento médico aos casos da Covid-19 e o impacto econômico-financeiro para os hospitais e os profissionais de medicina (o bloqueio de cirurgias eletivas, por exemplo, é altamente prejudicial ao sistema de saúde).

Já os idosos, como eu, com a forte motivação que é a vontade de continuar neste mundo por mais algum tempo, procuram se cuidar. Por exemplo, embora alguns amigos de meu grupo de ex-colegas da IBM tenham proposto voltarmos aos nossos almoços presenciais, declarei que, por enquanto, não vou comparecer. Escrevi a eles: "Por precaução, Leilah e eu decidimos restringir nossas saídas de casa para os casos de consultas e exames médicos inadiáveis. Portanto, sentindo muito, vou esperar a situação melhorar para voltar a participar dos nossos almoços presenciais. Continuo curtindo nossas conversas no grupo pelo WhatsApp, que nos mantêm em estreito e agradável contato." Particularmente, almoço implica baixar a máscara para comer e beber e, especialmente no caso de pessoas com deficiência auditiva, é difícil manter um distanciamento prudente.

 Washington Luiz Bastos Conceição

Por melhor que eu siga o aconselhamento dos médicos quanto a evitar preocupações com assuntos que fogem ao meu controle pessoal, as questões ligadas à pandemia continuam ocupando muito, demais, minha cabeça. Mesmo descartando o noticiário da grande mídia, a correspondência de e-mail e de WhatsApp sempre traz alguma notícia nacional ou internacional sobre a pandemia. Em destaque, a da nova onda que surgiu em vários países levando à volta da aplicação das regras rigorosas de isolamento; e as notícias do progresso no desenvolvimento e nos testes das diferentes vacinas anti-Covid-19.

Há muitas notícias controversas, ligadas claramente a interesses políticos e econômicos, que podem provocar discussões calorosas, o que me faz lembrar das crônicas em que o saudoso mestre Ubaldo (João Ubaldo Ribeiro) descrevia a conversa de amigos em um boteco do Leblon. Ele, se ainda estivesse entre nós, publicaria, muito provavelmente, uma crônica intitulada "A pandemia da Covid-19 num boteco do Leblon", com personagens que se manifestariam sobre os vários aspectos da crise. Seria um diálogo informal em que os participantes se tuteariam e se provocariam reciprocamente.

Quanto ao isolamento das pessoas, uns achariam que todo mundo devia ficar em casa, outros diriam que só os idosos teriam de ter um isolamento social rigoroso, assim mesmo com algumas saídas para passear de automóvel e se distraírem com as paisagens e as novidades da cidade. A "nova onda" e a volta do "lockdown" em vários países da Europa seriam mencionadas, mas alguém lembraria que, em alguns deles, já está sendo permitido o ingresso de espectadores nos estádios de futebol e as escolas seguem funcionando normalmente, com a presença dos alunos.

Haveria também menção à teoria do rebanho, quando um do grupo contaria que tinha assistido a um vídeo de um matemático sobre o assunto e não entendera direito; outro diria que ficou ofendido com o termo usado, pois lhe dera uma ideia de estar sendo tratado como gado; um terceiro comentaria que, depois da segunda onda, não tinha mais ouvido falar de rebanho.

Falariam também sobre o tratamento com vermífugos e sobre um remédio que, segundo declarações de médicos, é eficiente ao evitar a doença (neste ponto da conversa, um deles tiraria um papel do bolso e leria: o nome é ivermectin).

Contudo, todos concordariam que a vacina é, realmente, a solução para a pandemia; alguns diriam que a disponibilidade dela ainda vai demorar, talvez até meados de 2021; outros mencionariam que o Reino Unido já vai começar a vacinação em dezembro deste ano e que o governador de São Paulo está anunciando a vacina chinesa para janeiro e prometendo fornecê-la para todo o Brasil. Com este comentário, a conversa se desviaria para a politização da pandemia.

Bem, esse encontro poderia ocorrer realmente em um bar da Rua Dias Ferreira, em mesas na calçada. Se não, poderia ser feita uma reunião virtual, com a vantagem de os amigos poderem bebericar sem se preocupar com máscara.

Como a cara leitora ou o prezado leitor terá percebido, a reunião não deveria ser conclusiva, pois nossos personagens fictícios, como acontece conosco na realidade, teriam de aguardar o desenrolar dos acontecimentos.

O próximo ano, que está à nossa porta, trará, esperamos, o fim da pandemia e o início de nossa recuperação dos males que ela vem causando ao mundo todo.

****

Um ano de isolamento

Rio de Janeiro, 14 de março de 2021

Completamos, Leilah e eu, neste 12 de março de 2021, um ano de estrito isolamento social, para nos protegermos do vírus corona, o Covid-19, que vem vitimando pessoas no mundo todo, de forma terrivelmente assustadora.

Dezembro é, em condições normais, o mês das comemorações de fim de ano, com notáveis e agradáveis reuniões da família. Neste, de 2020, após analisarmos algumas alternativas, fizemos, no dia de Natal, uma reunião de família no Meia Lua, nosso edifício, nos pilotis, parte coberta da área calçada em frente ao jardim, local em que já havíamos feito reuniões neste sofrido tempo da pandemia. No dia 25, à hora do almoço, devidamente mascarados e mantendo o distanciamento social requerido, brindamos com espumante e alguns tira-gostos. Conseguimos fazer nossa habitual seção de amigo oculto (ou secreto, como queira) com os costumeiros coros de "É marmelada!", quando um dos participantes era presenteado pelo cônjuge. Embora não comparável às nossas reuniões de outros anos, foi uma ótima oportunidade de nos vermos "presencialmente".

Não houve reunião de ano novo, cada casal fez seu programa, todos tomando os necessários cuidados. Leilah e eu brindamos em casa, na meia-noite do 31, a entrada do ano, esperando que, depois de alguns meses ainda difíceis, 2021 nos trouxesse tempos melhores.

Na carta de final de ano aos amigos, expressei nossos votos assim:

"Todo ano enviamos mensagem aos amigos desejando um bom ano novo, que ele seja melhor do que aquele que está findando; o que, em termos gerais, não tem acontecido. Em 2020, embora alguns possam ter tido benesses no ano, o país e o mundo todo viveram um ano muito mais difícil do que o anterior.

Por essa razão, venho especificar nossos votos para 2021:

- *que até o final do novo ano todos os brasileiros sejam vacinados contra o vírus;*

- *que os tratamentos já disponíveis continuem evitando os óbitos, de forma que seus números baixem consistente e rapidamente;*

- *que a guerra ao vírus seja vencida até o final do ano e que, em seguida, seja*

 Washington Luiz Bastos Conceição

lançado um plano universal de recuperação da economia dos países, semelhante ao Plano Marshall, realizado na Europa após a segunda guerra mundial;

- *que sobrevivamos e que possamos comemorar devidamente o Natal de 2021 e a passagem para 2022."*

Entramos em 2021. O ano novo chegou com novas preocupações: por mais que as autoridades tenham imposto medidas restritivas para as comemorações de fim de ano, muitas pessoas festejaram sem tomar conhecimento do perigo de contaminação e, em consequência, janeiro foi um mês de aumento de casos da doença e alguns hospitais passaram a ter dificuldades no atendimento.

Em fevereiro, houve grande expectativa de como seria o Carnaval, especialmente no Rio, o que me fez lembrar do Carnaval de 1945 que, afinal, foi festejado três meses antes do final, na Europa, da segunda guerra. Naquela ocasião, cantaram assim:

"Todo mundo tinha medo de não haver Carnaval,

mas a vitória foi nossa e já está tudo legal.

Deus que me dê saúde que Carnaval não vai faltar..."

Este ano, não houve Carnaval, mas alguns festejos aconteceram, apesar das proibições.

Muito provavelmente, as festas fora de propósito causaram o crescimento da ocupação das UTI's dos hospitais, a qual se aproximou dos 100%; a situação se agravou no país todo e continua muito séria nestes dias.

As notícias sobre a compra e a disponibilidade das vacinas no País, intensamente politizadas, ferveram na mídia. Porém, a chegada dos imunizantes foi o acontecimento positivo do início do ano, apesar das dificuldades que vêm sendo encontradas no cumprimento dos programas, por falta dos produtos.

Também foi destaque no noticiário a descoberta internacional de novas cepas do vírus.

O quadro geral continua tenebroso, requerendo consistentemente medidas de restrição às atividades comerciais e sociais. Infelizmente, o "dias melhores virão" para um curto prazo, não é exatamente a expectativa das pessoas com quem me comunico.

Particularmente, os casos de contaminação de amigos e conhecidos aumentaram, de forma que nossa preocupação vai muito além dos números estatísticos.

De saúde, como venho dizendo aos amigos, estamos relativamente bem. Esse "relativamente" considera nosso inevitável desgaste físico pela idade avançada, mas estamos sob excelente controle médico. Continuamos nos cuidando com rigor para evitarmos o contágio da Covid-19.

Em dezembro, visitei a nossa cardiologista para o necessário acompanhamento e Leilah e eu consultamos um ortopedista para tratarmos artroses nos joelhos. O tratamento indicado foi fisioterapia. Recorremos à fisioterapeuta que vem tratando da Leilah há anos, mas cujas sessões haviam sido interrompidas pelo isolamento. Ela está nos atendendo em casa e a fisioterapia vem sendo um sucesso. Além dos joelhos, nossa locomoção vem melhorando consistentemente.

O acompanhamento médico prossegue muito bom, com consulta de nossa clínica-geriatra em casa, troca de mensagens por WhatsApp e exames de laboratório. Tivemos a necessidade de três consultas dentárias de emergência, o que nos obrigou a sair de casa. Na primeira, o dentista (que, ao longo dos anos, se tornou nosso amigo) fez a excepcional gentileza de nos buscar de automóvel em casa, levar-nos ao consultório e nos trazer de volta, usando sua facilidade de estacionamento no edifício.

As vacinas chegaram, finalmente, ao Rio. Tomamos nossa primeira dose em 10 de fevereiro e a segunda, em 10 de março. Até agora, não sentimos qualquer reação do organismo ao imunizante.

Desde o início da pandemia, em nossas raríssimas saídas de casa, deixamos de usar taxis ou Uber e temos tido carona dos filhos. Nas excursões ao dentista e ao posto de vacinação, tivemos a ajuda preciosa de Jurema, nossa filha.

Muito importante, prosseguimos lutando para manter a serenidade frente ao irritante noticiário político, às tristes notícias da pandemia e à situação neurotizante do isolamento social.

Como defesa, procuramos nos comunicar ao máximo com as pessoas e nos manter em atividade dentro de casa, o que tem sido fundamental.

O cotidiano de nosso isolamento não mudou, basicamente. Conforme os comentários de leitores das crônicas anteriores, é semelhante ao de nossos amigos coevos. O essencial para nós, confinados em casa, é termos algum trabalho, um pouco de exercício físico e um tempo de lazer; este continua sendo, principalmente, ler nossos livros e e-books e, pela televisão, assistir a jogos de futebol e de tênis e, na "happy hour", a filmes os mais variados.

Continuamos a nos ocupar bastante com as compras, a manutenção da casa e de seus equipamentos, e com as tarefas domésticas diárias, principalmente aquelas de copa e cozinha. Leilah faz diferentes cardápios, mantendo uma dieta moderada. Já nos organizamos no trabalho, de modo que estou me aperfeiçoando na colaboração à titular. São tarefas repetitivas, mas procuramos variar, como, por exemplo, preparar um bolo no fim de semana. O mais apreciado é o bolo de fubá. Feliz consumidor deste, tradicional na casa de minha mãe e de minha sogra, fiquei admirado com a relativa complexidade da operação. Eu não tinha a menor ideia de quais ingredientes leva o bolo, além do fubá: farinha de trigo, uma boa quantidade de ovos e de açúcar, fermento, leite e óleo. E não sabia que se podia misturar e bater a massa no liquidificador. Leilah reúne os ingredientes, prepara a massa, e unta a forma; eu derramo a massa na forma e a levo ao forno; marcamos o tempo e controlamos para não deixar queimar. É um novo aprendizado no meu extenso currículo, aos 88 anos. Enfim, algo mais para nos distrairmos os dois, "brincando de casinha", com o benefício de saborearmos o bolo.

O bolo de fubá

Por ter sido para mim uma surpresa agradável neste nosso longo tempo de confinamento, venho comentar com a cara leitora ou o prezado leitor a redescoberta recente de alguns "tesouros" que temos em casa. Morando no mesmo apartamento há 51 anos, embora nos tenhamos desfeito de muita coisa que se estragou ou que não nos servia mais, ainda temos livros que havíamos lido ou folheado há bastante tempo; estavam um tanto esquecidos em uma estante que, embora colocada à entrada do apartamento, visitamos

            Washington Luiz Bastos Conceição

muito pouco. Fui a ela, ultimamente, para consultar o livro de História, em seis grandes volumes de capa dura, de Jânio Quadros e Afonso Arinos de Melo Franco. Lá está, também, a coleção "O Mundo Pitoresco", que ganhei de presente de meus pais quando tinha quatorze anos; são nove volumes encadernados, com textos e fotografias (agora bem antigas) de países do mundo todo. Na capa do primeiro volume, em relevo, uma das fotografias do Rio de Janeiro, a qual é mostrada também no interior do livro.

O Mundo Pitoresco

Contudo, por várias razões, eu não lembrava de outros livros, maiores, de capa dura e ilustrados com primorosa qualidade gráfica. Vários de arte (com belas reproduções de quadros de pintores famosos); outros, com fotografias ótimas, de cidades de vários países; outros, ainda, de História e de formação acadêmica avançada; e até uma enciclopédia Larousse de mitologia!

Outro dia, resolvi dar uma olhada na estante quando precisei de uma informação para meus escritos e verifiquei que de vários daqueles livros eu não tinha lido nem um capítulo; talvez os tenha apenas folheado.

Fui surpreendido com alguns "achados". Por exemplo: livros sobre pintores impressionistas da coleção "Gli Impressionisti", herança de meu sogro, Francisco Mellone que, já idoso, pintou alguns bons quadros para a família e os amigos; e outro, intitulado "We Americans", fartamente ilustrado com admirável arte gráfica, sobre a evolução histórica dos Estados Unidos, presente de amigos americanos. Juntei alguns para uma foto:

　Washington Luiz Bastos Conceição

Alguns dos grandes livros ilustrados

Porém, incrível mesmo foi encontrar uma lembrança de meu avô paterno, Professor João Alves da Conceição: um antiquíssimo dicionário de Latim que eu imaginava perdido. O título é "Magnum Lexicon – novisssimum – Latinum et Lusitanum", vários nomes são mencionados, mas "Opera et studio" são creditados a Emmanuelis Joseph Ferreira. Foi publicado em Paris, em 1858.

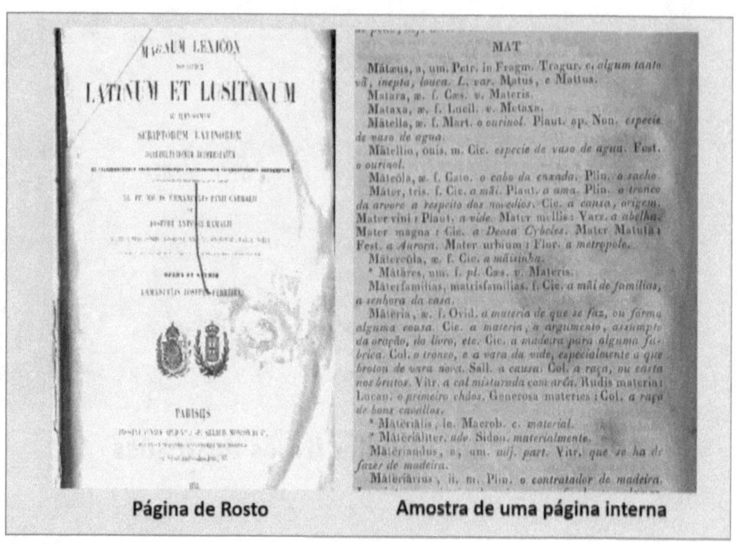

O dicionário de meu avô

Pensei, então: "Caramba, parece que podemos aproveitar nossa longa permanência em casa para fazer uma espécie de 'caça ao tesouro' em nossas estantes e armários. Será uma boa distração."

Neste início do segundo ano de pandemia, devidamente vacinados, vamos entrar em nova fase do isolamento, na qual continuaremos a tomar todos os cuidados necessários, seguindo a orientação dos médicos.

Já programamos a retomada do tratamento dentário, os exames e consultas de acompanhamento clínico e pós-câncer. Planejamos, também, visitar os filhos e passear no clube.

Longe de ser uma volta à situação que vivíamos antes do vírus, esta fase nos trará ânimo para aguardar o cenário da nova normalidade.

***

Isolados, vacinados e contaminados

Rio de Janeiro, 30 de junho de 2021

Finalizei a crônica anterior da série afirmando que, devidamente vacinados, Leilah e eu iríamos entrar em nova fase do isolamento, na qual, tomando os necessários cuidados, pretendíamos pôr em dia as consultas e exames necessários para o acompanhamento médico, visitar os filhos e passear no clube. Foi o que começamos a fazer, na quinta semana após termos tomado, em 10 de março, a segunda dose da vacina. Saímos de casa, na quarta-feira 14 de abril, para as respectivas consultas médicas de acompanhamento pós-câncer e fizemos, no sábado, um passeio ao ar livre no clube, que fica à beira da Lagoa Rodrigo de Freitas (passeio que foi recomendado pelos próprios médicos). Não usamos taxi ou Uber, tivemos as caronas de Jurema, nossa filha, e Simone e Francisco, nora e filho, usamos máscaras e mantivemos o distanciamento social. No domingo, fui surpreendido por um início de resfriado que, na segunda, se tornou um "resfriadão" com um pouco de febre. Entrei em contato com nossa médica que, imediatamente, receitou um antibiótico e exigiu que usássemos máscaras em casa e que dormíssemos em quartos separados. Tomei o remédio e dormi duas noites no sofá do escritório (fazendo uma graça com um amigo pelo "WhatsApp", eu disse a ele que isto fazia muito sentido, pois um escritor devia mesmo era dormir no escritório). Minha temperatura se normalizou, mas, na quarta-feira, a Leilah também ficou resfriada e com febre. A médica receitou para ela o mesmo remédio que tomei e nos enviou os pedidos de teste de Covid-19. Feita a coleta da secreção nasal no sábado, recebemos o resultado no domingo: para ambos, o Covid-19 foi detectado – os dois idosos, devidamente vacinados, estavam infectados! A doutora nos orientou a ir, naquele dia mesmo, à emergência do hospital, onde fizemos exame de sangue e tomografia do tórax. Sem problema nos pulmões, não houve necessidade de internação nem de remédios, além daqueles que tomamos habitualmente; mantendo-nos de quarentena, os resfriados seguiram seu ciclo normal e nos livramos do vírus. Foi um susto, embora nossa sensação tenha sido, apenas, aquela de um forte resfriado.

As pessoas que ficam sabendo de nossa desagradável experiência perguntam como fomos infectados. Não sabemos responder com segurança, mas, por exclusão, respondemos que, provavelmente, foi na saída para as consultas médicas, quando, apesar de todos os cuidados, estivemos mais expostos.

Fora esse surpreendente acontecimento, nossa vida mudou pouco. O fato de termos sido vacinados e termos tido a visita do vírus não mudou nossos cuidados com a pandemia. Continuamos em nosso isolamento, saindo para o programa de revisões e tratamentos médicos, inevitáveis em nossa idade avançada (Leilah completou 86 anos em maio e eu avanço celeremente para os 89). A rotina doméstica não mudou, apenas voltamos a receber a diarista que trabalha mais na cozinha, o que alivia em boa proporção o trabalho da Leilah e de seu ajudante aqui. Continuam cansativas as compras pela internet (por causa das dificuldades da operação de alguns dos sites e da falta de alguns dos produtos que costumamos comprar) e a rotina das entregas (pela necessidade de higienização dos produtos e da verificação do recebimento). Nosso lazer continua sendo leitura, ouvir música e assistir, pela televisão, aos filmes na "happy hour" e aos principais eventos esportivos de tênis e, no meu caso, de futebol. E mais, muito importante, mantemos intensa comunicação com os filhos e os amigos por mensagens do WhatsApp e pelo telefone. Leilah continua firme nas operações e no controle financeiro do casal; eu a ajudo quando necessário e tento manter minha atividade de escrever.

Para um registro fiel da situação do casal idoso durante a pandemia, tenho de mencionar que não estamos felizes com a duração do isolamento, estendida após a vacinação.

Além das péssimas notícias da mídia, da atuação abominável de nossos políticos e das dificuldades econômicas, que nos perturbam neste longo período de crise, as sucessivas frustrações quanto ao combate ao vírus e a doença estão acabando com nosso otimismo. No final do ano passado, a perspectiva da salvação da humanidade com as vacinas nos mantinha esperançosos quanto ao fim da pandemia. Agora, há uma desconfiança generalizada da eficácia e dos efeitos colaterais de algumas delas. Estão nos desanimando a constatação de que, mesmo vacinados e revacinados, temos de manter o isolamento e os cuidados contra a contaminação; e de que a duração da pandemia parece imprevisível. Em particular, meu ânimo para escrever foi bastante afetado, a ponto de eu levar muito tempo para escrever a crônica mais recente da série "Osmar e Jurema".

O isolamento prolongado torna nossas atividades difíceis, tanto aquelas, em casa, ligadas à manutenção do

 Washington Luiz Bastos Conceição

apartamento e do equipamento doméstico, quanto aquelas fora de casa; nestas, além dos exames e consultas médicas, incluem-se a ida ao clube como lazer e exercício (aconselhados pelos médicos), pequenas compras que precisamos fazer e providências diversas que temos de tomar. Para nossas saídas, temos de recorrer aos filhos, dependência que nos constrange, porque eles são bastante ocupados e têm, também, de obedecer aos protocolos da pandemia.

Aos aborrecimentos causados pelo isolamento em si, somam-se as nossas dores musculares e aquelas causadas por artrose, além das dificuldades físicas, males próprios da idade avançada. Em particular, embora nos movimentemos relativamente bem no apartamento, ao sair precisamos de ajuda, pois sentimos insegurança ao caminhar e não subimos degraus sem corrimão; enfim, a sensação é de que temos de reaprender a andar.

E, mais, o falecimento de amigos, em consequência ou não da pandemia, bem como a impossibilidade de visitar e falar com aqueles acometidos de doenças graves, tem nos entristecido muito.

Ao contar todas essas tristezas, vejo, muito claramente, o programa de ações em que temos de pôr nosso esforço para enfrentar melhor a crise. Para as providências diversas que vêm se apresentando e não podemos resolver de casa, temos de voltar a sair para a rua, recorrendo, quando necessário, a cuidadoras que nos atenderam em outras situações, evitando, assim, sobrecarregar os filhos. No isolamento, além de manter as atividades atuais, temos de nos exercitar mais (por exemplo, caminhar na "passarela" do nosso edifício), mantendo as sessões de fisioterapia, e de resolver as dificuldades nas operações das compras (que estão requerendo cuidados especiais com os cartões de crédito). E, em especial, fundamental para minha cabeça, preciso convencer-me de uma vez por todas de que meu círculo de preocupações com a situação do país está muitíssimo maior de que meu círculo de influência. Tenho de deixar tudo nas mãos de Deus.

***

21 meses de pandemia

Neste 12 de dezembro, Leilah e eu vamos completar 21 meses de isolamento social provocado pela pandemia do vírus. Não é pouca coisa. Continua sendo um tempo de vida difícil para nós e danoso para a saúde e o bem-estar de todas as pessoas que conheço, as quais procuram adaptar seu "modus vivendi" às suas necessidades e possibilidades, enfrentando os mais variados problemas causados por essa situação tão estapafúrdia.

Quando parece que a pandemia está chegando ao final, surge uma nova cepa do vírus, de maior velocidade de transmissão; e, de início, não se sabe se as vacinas vão ser eficazes contra ela. Há algum tempo, surgiu a Delta e, mais recentemente, a Ômicron; assim, vamos avançando celeremente no alfabeto grego.

Contudo, espero que, já a partir do ano que vem, a ação do Covid-19 passe a ser controlada por vacinação periódica, como no caso do vírus da gripe H1N1, mesmo considerando as variantes do vírus. No Brasil, houve, neste semestre, uma grande redução dos registros de novos casos de contaminação e de novos óbitos pelo

Covid-19. De primeiro de julho deste ano a primeiro de dezembro, as médias de sete dias caíram, respectivamente, de 54.117 para 8966 e de 1565 para 232. O programa de vacinação, certamente, foi a principal causa dessa redução.

Nestes dias, pelo que tenho observado, está havendo, em vários países, inclusive o nosso, uma forte tentativa de volta às atividades presenciais, tanto sociais, quanto de lazer. Essa reação ao isolamento social é, claramente, estimulada pela necessidade econômica da retomada daqueles negócios que requerem a presença das pessoas. E está se tornando aceitável por causa do avanço do processo de vacinação e da redução dos números de novos casos e novos óbitos. Restaurantes e bares que passam a operar mais intensamente, as viagens aéreas que estão se intensificando e estádios esportivos que, no mundo todo, voltam a receber grandes plateias, são exemplos notórios dessa tendência de volta à vida normal.

Nós, brasileiros, devemos continuar atentos à evolução da pandemia, tomando os cuidados necessários para evitar o recrudescimento da contaminação. Recrudescimento este que está acontecendo em alguns países, que os fazem voltar a um isolamento social

 Washington Luiz Bastos Conceição

rígido. Por exemplo, a Áustria, que havia reduzido, fortemente, o número de novos casos de contaminação e de óbitos no primeiro semestre deste ano, sofreu, no segundo, uma alta violenta desses números. De primeiro de julho a primeiro de dezembro deste ano, o número de casos novos diários (médias dos registros de 7 dias) subiu de 79 para 10.724 e, de novas mortes por dia, de 2 para 53.

E o casal de idosos no tempo do vírus, como está? Minha resposta costumeira é: relativamente bem. Continuamos fazendo refeições saudáveis, tomando os remédios receitados pelos médicos, mantendo as sessões de fisioterapia em casa e cuidando para não sofrer quedas. O "relativamente", mencionado acima, considera as deficiências características de nossa idade avançada.

Recebemos a terceira dose de vacina anticovid em setembro, o que nos deu mais segurança para retomarmos algumas atividades fora de casa, o que já estamos fazendo, como as tão necessárias consultas médicas, as visitas ao dentista (que vínhamos adiando) e, também, muito importantes para nossas cabeças e nossos corações, as visitas e reuniões de família.

O casal no tempo do vírus - Leilah e Washington - setembro/2021

Eu, particularmente, tive a grande satisfação de voltar a almoçar com amigos, ex-colegas da IBM, um grupo de idosos, quase todos maiores de 80 anos, com as dificuldades físicas próprias da idade, mas muita disposição para os encontros. Temos a satisfação de manter agradável conversação sobre os assuntos mais variados, inclusive temas de tecnologia atual. Desde setembro, já nos reunimos três vezes, depois de um ano e meio de pandemia.

Leilah, que poderia usar o lema de um de nossos políticos do passado: "Meu nome é trabalho", está firme em suas atividades de diretora administrativa-financeira do casal, o que não é pouca coisa para um casal de aposentados que não fatura mais. As atividades de planejamento financeiro e controle junto ao banco requerem muita atenção e o departamento de compras lhe dá um grande trabalho, pois pesquisar produtos, aproveitar ofertas para compensar a alta geral de preços, lidar com sites nada amigáveis e efetuar pagamentos otimizando o uso de cartões de crédito são tarefas extenuantes. Eu ajudo um pouco. Minha tarefa mais trabalhosa nas compras é receber a mercadoria, higienizá-la e armazená-la devidamente.

Quanto a mim, estou atrasado com meus escritos. Meu projeto maior, formar o livro de Osmar e Jurema com as crônicas publicadas no blog, está sendo um trabalho muito maior do que eu esperava, o que tem atrasado a publicação de novas crônicas e tem adiado a data objetivo da finalização do livro. Mas, embora menos produtivo, prossigo nos trabalhos e estou avançando.

Estamos nos mantendo ativos nas tarefas domésticas, enfrentando algumas dificuldades na manutenção de aparelhos e do próprio apartamento em si, dificuldades que ficam maiores pelas limitações da pandemia. Continuamos recorrendo aos serviços das diaristas, devidamente sistematizados e gerenciados, e ao auxílio de técnicos quando temos dificuldades com os computadores e com os eletrodomésticos. Ao receber as pessoas, seguimos os protocolos e sempre usamos as mascarilhas.

De vez em quando, temos uma novidade. Desta vez, Leilah se lembrou de uma máquina de preparar massa de macarrão, herança da mãe dela, que tínhamos em casa e que não sabíamos onde estava guardada. Ela se perguntava: "Será que ainda está conosco?"; "Será que eu dei para algum dos filhos?". Um dia destes, procurou nos armários da casa, com a ajuda da diarista, e acabou achando a máquina. De ferro, pesada; estava perfeita, sem qualquer traço de ferrugem, mas seus cilindros estavam emperrados. Fiquei incumbido de resolver o problema; não foi fácil, mas tive sucesso e a Leilah vibrou com o brinquedo novo. Começou fazendo massa de pastéis, exatamente como sua mãe fazia. Claro, ficou muito melhor do que aquela massa que costumamos comprar pronta no supermercado, a qual, aliás, é de boa marca, mas não é a mesma receita e nem tão delicada.

Abaixo, a foto da máquina:

"Hic est machina"

Quanto à nossa disposição neste tempo todo, varia um pouco, afetada, como já comentei em crônicas anteriores, pelas notícias da mídia em nosso País, pois elas permanecem perturbadoras e desanimadoras, e pela tristeza causada pelos casos de amigos nossos que, de repente, ficaram gravemente doentes e de outros que vieram a falecer.

Procuramos, contudo, dar o devido valor a alguns eventos, aparentemente comuns, que nos trazem felicidade, principalmente a comunicação constante com o filho e família que moram na Califórnia, enriquecida com ótimas fotografias, a visita espontânea do neto carioca e um almoço na casa de um dos filhos e do cônjuge, quando temos a oportunidade de longas e descontraídas conversas "presenciais". São momentos preciosos. Quando sós em casa, aproveitamos nossas "happy hours" com filmes na televisão e a troca de telefonemas e mensagens pelos celulares.

O novo ano se aproxima, o que nos faz sempre pensar no que está por vir, o que ele trará para nós.

Recapitulando o que já mencionei neste livro:

Em dezembro de 2020, em minha carta de final de ano aos amigos, especifiquei que, quanto à pandemia, eu desejava que:

- *até o meio de 2021 todos os brasileiros fossem vacinados contra o vírus;*

- *até lá, os tratamentos já disponíveis continuassem a evitar os óbitos, de forma que seus números baixassem consistente e rapidamente;*

- *até o final de março de 2021, o isolamento fosse restrito aos idosos e, a partir de junho, fosse cancelado;*

- *a guerra ao vírus fosse vencida até junho de 2021 e que, em seguida, fosse lançado um plano universal de recuperação da economia dos países, semelhante ao Plano Marshall, realizado na Europa após a segunda guerra mundial."*

Esses desejos não foram totalmente satisfeitos, mas não perdi a esperança, porque parece que caminhamos para que sejam atendidos em 2022.

Aproveito a oportunidade para enviar à prezada leitora ou caro leitor meus votos de boas festas e de um feliz ano novo, extensivos à família.

***

Notas:

1. Ao desejar aos amigos um feliz 2022, tenho de incluir votos fervorosos para que tenhamos em nosso país um processo eleitoral civilizado e realmente democrático.

2. Recorri ao site Coronavírus Brasil e ao Google para obter os números citados de casos e óbitos.

3. A legenda da foto da máquina está em Latim (com a ajuda do tradutor Google) como homenagem a um amigo que, também octogenário, decidiu este ano estudar profundamente esse idioma, do qual o Português é a "última flor, inculta e bela".

O novo ano

Este início de ano nos encontra decepcionados, pois a evolução das condições de vida rumo à normalidade foi interrompida pelo recrudescimento do ataque do vírus, agora reforçado pela nova variante – o Ômicron. Mesmo considerando que este ataca de forma mais branda, sabemos que não respeita nem as vacinas que já tomamos e o número de casos de contaminação cresceu muito, aceleradamente.

As notícias no País são de dificuldades para fazer testes, tomar vacinas e recorrer a hospitais para emergências ou internação. Os serviços em geral passaram a ser mais afetados pela falta de trabalhadores atacados pela doença; a economia em geral, que parecia estar em recuperação, volta a ser impactada.

O mundo todo está sofrendo esse retrocesso, em alguns países a intensidade da pandemia é maior do que a que temos aqui, mas temos de nos prevenir (como se dizia tempos atrás, pôr as barbas de molho).

Nossa preocupação aumentou à medida que vários amigos e conhecidos, devidamente vacinados, foram infectados pelo Covid ou foram atacados pela gripe H2N3. O ataque concomitante dos diferentes vírus trouxe, além das doenças propriamente ditas, uma dificuldade para um pronto diagnóstico dos pacientes (soubemos de casos que foram registrados, simplesmente, como uma "virose").

Os cancelamentos de voos aumentaram e voltou o rigor de leis locais quanto ao isolamento e ao distanciamento social o que fez com que, nestes dias, aproximando-se fevereiro, a grande questão no Rio é: "Como será o carnaval?".

Contudo, é de se admirar o comportamento da população em geral, no Brasil e em outros países, com a chegada do Ômicron. Aparentemente, porque estando vacinadas e sabendo que essa nova Covid (já a estão chamando "covidinha") ataca de leve e é tratada e resolvida em duas semanas, muitas pessoas, especialmente aquelas não idosas ainda, estão deixando de praticar o isolamento social. Cumprem os protocolos (um tanto à vontade), viajam, vão à praia, a restaurantes, festas, estádios, clubes e, aqui no Rio, estão programando atividades no Carnaval, como ensaios e feijoadas nas quadras das escolas de samba, por exemplo. A mídia mostra as praias do Rio completamente povoadas nestes dias de verão e de férias,

                    Washington Luiz Bastos Conceição

bem como o público numeroso nos estádios do país. Convenhamos, a atração é muito forte; como, por exemplo, apreciar o pôr do sol desde a Ponta do Arpoador, em Ipanema.

Arpoador, 18/01/2022

Na Europa, os estádios de futebol, como nos mostra a televisão, estão recebendo grandes plateias e, agora, o motivo de adiamento de jogos na Inglaterra não é a ausência de espectadores, mas, sim, a falta de jogadores em condição de atuar pois, além das contusões, vários deles, no elenco de cada clube, estão com Covid.

Abaixo, uma foto da transmissão de um jogo pela televisão:

A justificativa otimista dessa reação aos rigores do isolamento social é que, devido à contaminação acelerada da nova variante do vírus, a quantidade de pessoas imunizadas pela doença ou pelas vacinas nos levará mais rapidamente ao fim da pandemia. Ou seja, volta-se a falar na teoria do rebanho. Não deixa de ser mais uma esperança de nos livrarmos desse pesadelo.

Entretanto, os idosos têm de continuar se cuidando.

O casal de idosos, aqui, decidiu retomar as restrições do isolamento social, limitando as saídas de casa para atendimento médico e emergências, recebendo pessoas em casa apenas para serviços essenciais, sempre obedecendo os protocolos recomendados para evitar o contágio. Portanto, as visitas dos filhos e amigos estão restritas a um alô na porta do apartamento e, se oportuno, um encontro na passarela do edifício, mascarados e mantendo a distância recomendada. Também, idas ao clube e almoço com os amigos estão temporariamente suspensos. Acreditamos que nossa probabilidade de contaminação é muito baixa, pelo fato de termos tomado duas doses de vacina, adquirido (de forma amena) a Covid-19 e, depois, tomado a dose de reforço. Porém, não podemos facilitar.

Nossas atividades domésticas não mudaram e continua tudo normal, com as mesmas dificuldades e facilidades quanto a compras, manutenção do apartamento e dos equipamentos e preparo das refeições. Continuamos muito cuidadosos quanto á alimentação, ao uso dos remédios receitados pelos médicos e ao programa de fisioterapia.

Sinto que essas idas e vidas da pandemia, quando parece que a situação está melhorando e, de repente, há um retrocesso, exige de nós um esforço mental maior para vencer a irritação e evitar o desânimo. Continuamos recorrendo a nossas habituais atividades de lazer (já bastante comentadas nesta série de crônicas) e procuramos lembrar, sempre, de que estamos bem.

Uma constatação que mantém nossas esperanças de melhores dias é que o casal de idosos teve um mês de dezembro de 2021 bem melhor do que o de 2020. Tivemos ótimas reuniões de final de ano com os filhos e cônjuges, pudemos rever amigos e, o que não acontecia havia muito tempo, chegamos a ir a uma vez a um banco e fazer uma compra fora de casa. Eu participei dos almoços com meus amigos ex-ibmistas, encontros sempre extremamente agradáveis. Enfim, recarregamos as baterias.

Agora, estamos no aguardo da visita de nosso filho que mora nos Estados Unidos, o qual, devidamente vacinado e imunizado, marcou sua vinda para fevereiro, após vários adiamentos forçados pela pandemia. Os cuidados serão muitos, mas o prazer da família será imenso.

***

　Washington Luiz Bastos Conceição

Dois anos de pandemia

Rio de Janeiro, 31 de março de 2022

"Março de 2022, e a pandemia não acaba!" – é o que eu vinha exclamando mentalmente nestes dias. Sim, desde março de 2020 - já faz dois anos – 24 meses! – que vivemos uma situação insólita, antes inimaginável, de isolamento social, causada pela chegada ao nosso país de uma doença terrível, a Covid-19, causada por um vírus letal.

De janeiro para cá, embora o Ômicron tenha se mostrado extremamente contagioso, ele provocou, relativamente, poucos óbitos.

As pessoas passaram a se sentir seguras, por terem sido devidamente vacinadas e, muitas, por terem sobrevivido ao ataque do vírus. Forçadas pela necessidade de voltar às suas atividades habituais, passaram a sair mais e, nas ruas, o trânsito voltou à sua condição normal (ou seja, semelhante àquela que tínhamos antes da pandemia).

E... como está este casal de idosos?

Como cantava o pessoal da bossa nova, "a gente vai levando, a gente vai levando...".

Leilah e eu continuamos, até o final de janeiro, em isolamento rigoroso, mas, em fevereiro, com a visita de nosso filho da Califórnia, tivemos dez dias agitados, com reuniões de família, almoços e até um ótimo programa no bar de um hotel em Copacabana, em box isolado, mirando a paisagem noturna da "Princesinha do Mar". Com um bom show musical, tornou-se a festa da família na temporada.

Como a visita era de apenas dez dias, as atividades foram intensas. O casal de idosos "tirou a barriga da miséria".

Na despedida, para consolo, a perspectiva de nova visita do filho, então com a família, daqui a uns seis meses.

No começo de março, outro evento importante foi a comemoração do aniversário do primogênito, um agradável almoço da família no clube.

De fevereiro para cá, retomamos as visitas ao dentista, os exames de laboratório e as consultas de acompanhamento médico do casal. Apesar da nova fase da pandemia, permanece a preocupação com o contágio, tanto que um resfriado mais forte forçou a Leilah a fazer o teste do vírus que, felizmente, resultou negativo. Também arranjei um resfriado (fraquinho, sem febre nem tosse) sem consequências, resolvido com Tylenol e vitamina C.

Continuamos nos cuidando, seguindo com as sessões de fisioterapia com a excelente profissional que atende a Leilah já faz sete anos e que programa as sessões considerando nossa idade avançada, aumenta gradativamente a intensidade dos exercícios e introduz variações – como pedalar, por exemplo.

Nossa vida em casa não mudou, a não ser uma "flexibilização" na higienização dos itens das compras que recebemos; passamos a usar o álcool 70 seletivamente. Porém, o cuidado de lavar as mãos a toda hora se tornou um forte hábito e mantivemos o uso das mascarilhas quando temos outras pessoas em casa (estas também as usam).

Como quebra da rotina, tivemos a necessidade de manutenção do computador da Leilah por um técnico aqui em casa. A máquina estava extremamente lenta e, além das dificuldades encontradas nos sites de supermercados, estava prejudicando muito o trabalho da minha mulher, deixando-a muito estressada.

Quanto a minhas atividades, tive muito trabalho no mês passado com a publicação do livro que considero o mais importante que escrevi e publiquei, o "Osmar e

Jurema". Sua elaboração não foi apenas reunir as crônicas que eu havia publicado no blog; compreendeu a edição e a concatenação delas e fiz acréscimos na descrição dos cenários históricos do século XX. As tarefas da autopublicação foram deveras trabalhosas, mas tive a preciosa colaboração de meu amigo Carlos Gentil Vieira, escritor e editor, que foi o autor da capa do livro. No final, a publicação, seguida do anúncio aos amigos, me deu muita satisfação.

Continuo evitando o noticiário da grande mídia, que destaca desagradáveis assuntos políticos, mas não dá para ignorar a invasão da Ucrânia pela Rússia, iniciando uma guerra completamente fora de época que está impactando moralmente e economicamente o mundo todo. E não há a perspectiva de uma solução a curto prazo.

Meu grupo de almoço, de veteranos colegas ex-IBM, sofreu uma triste e dolorosa perda: faleceu um dos menos idosos, ainda bastante ativo, vítima de um câncer fulminante no cérebro. Que Deus o tenha.

***

Repassando este tempo todo da pandemia, lembro que, desde fins de 2019, vínhamos recebendo diariamente notícias graves de outros países, da ocorrência, em crescimento acelerado, do número de casos da doença Covid-19 e dos consequentes óbitos. Originário da China, o vírus atacou violentamente a população da Itália, a seguir a da Espanha, e se espalhou pelo mundo todo, aproveitando-se da intensa movimentação das pessoas pelo planeta. Chegou ao Brasil no início de 2020. Em 13 de março daquele ano os registros no país foram de 99 casos e nenhuma morte; em 31 de março deste ano os números acumulados foram, respectivamente, 29.947.895 e 659.757.

Lembremos que a doença se mostrou avassaladora, com grande número de vítimas fatais. Os médicos, no mundo inteiro, não tinham ainda o conhecimento necessário para combatê-la eficazmente – havia muita dúvida e discussão sobre a forma de tratar, de modo que prevaleceu a ênfase na prevenção – daí o isolamento social forçado, rigoroso, que permitia apenas as atividades essenciais, com a devida proteção de máscaras e álcool 70. E, enquanto os laboratórios dedicavam grande esforço no desenvolvimento de vacinas, o que se podia fazer naquela fase era aplicar nos doentes a respiração forçada por aparelhos, pois o vírus atacava principalmente os pulmões.

No Brasil, foram montados hospitais de campanha, foi providenciada a compra de aparelhos para respiração forçada, com dificuldade generalizada de atender a demanda da população enferma. Os hospitais estavam lotados, tinham muita dificuldade no atendimento aos doentes.

As vacinas, tão esperadas, ficaram disponíveis no Brasil no início de 2021, com prioridade para os idosos e a programação de duas doses. Mais adiante, foi aplicada também uma terceira dose de reforço. Neste ano, já está disponível a segunda dose de reforço, ou seja, a quarta dose, mostrando que, muito provavelmente, a vacina contra o vírus corona será aplicada periodicamente.

A evolução da pandemia no Brasil nestes dois anos é mostrada pelos gráficos (Fontes: Our World In Data, Universidade Johns Hopkins e Wikipédia):

Washington Luiz Bastos Conceição

Casos

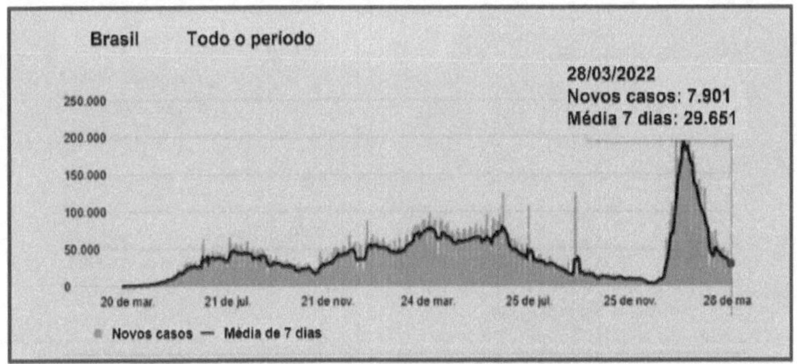

Observe, cara leitora ou prezado leitor, que, após o período muito intenso do final de 2020 até meados de 2021, o número de casos por dia decresceu, até que, no final de 2021, voltou a crescer intensamente (devido ao Ômicron), atingindo inéditos números diários, e caiu só em março de 2022.

Já os registros diários de óbitos, embora tenham aumentado também no final de 2021, ficaram muito abaixo daqueles verificados entre março e julho daquele ano:

Mortes

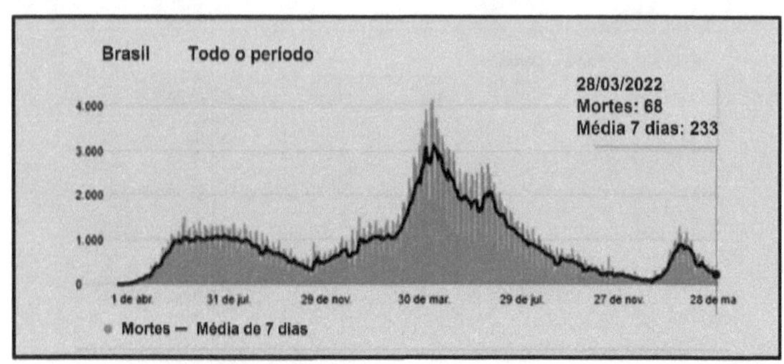

O progresso da vacinação no Brasil é mostrado no gráfico abaixo (mesmas fontes acima mencionadas):

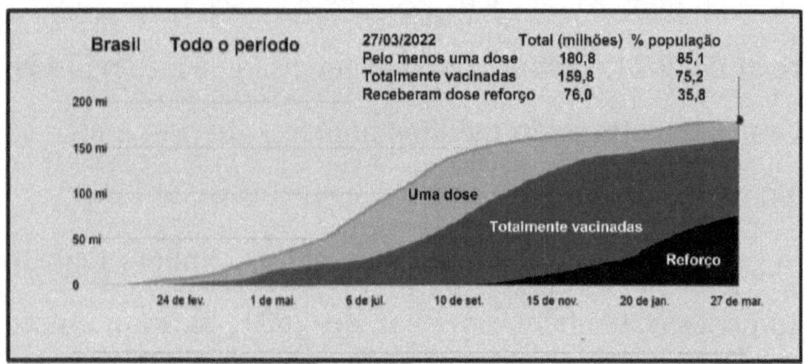

Parece, portanto, que a pandemia do Covid-19 está chegando ao final, passando para o status de outras gripes, aquelas que exigem vacinação periódica.

Num cenário de pós-guerra mundial com o vírus, contabilizando as mortes e as perdas econômicas, temos de reagir fortemente para voltarmos a uma vida semelhante à que tínhamos antes. Semelhante, mas não a mesma: a pandemia demonstrou que, em muitos casos, o trabalho de muitos tipos de profissionais pode ser feito em casa, que quase todas as compras podem ser feitas pela internet, que teleconsultas são aplicáveis em várias especialidades. Essas alternativas têm alterado até as características urbanas de cidades inteiras – por exemplo, no centro do Rio de Janeiro, edifícios comerciais estão sendo convertidos para residenciais e empresas estão reduzindo a ocupação de áreas de escritórios.

Caminhamos, pois, irreversivelmente, para um "novo normal".

***

Sobre o Autor

Washington Luiz Bastos Conceição nasceu em Ponta Grossa, Paraná, Brasil. Foi criado em São Paulo, cidade em que estudou e se casou. Formou-se em Engenharia Civil pela Escola Politécnica da Universidade de São Paulo.

Depois de alguns anos de atividades em Engenharia, foi admitido na IBM, em São Paulo, empresa em que trabalhou por 24 anos. Transferido para a matriz dela, no Rio de Janeiro, em 1970, desde então reside nesta cidade. Após deixar a IBM, prosseguiu em suas atividades nas áreas de Marketing, Vendas e Consultoria junto a outras empresas, até 2009.

Publicou seu primeiro livro, o "Histórias do Terceiro Tempo", em 2009, apresentando-o assim: "A ideia básica do livro é que todos nós, e não apenas as celebridades e as pessoas que realizaram feitos extraordinários, fizemos muita coisa na vida e temos histórias para contar... São crônicas da vida de um homem, agora com 76 anos, que não fez nada de heroico, mas enfrentou situações as mais diversas... Por tudo que já viveu, tem histórias para contar e quer contar."

O segundo livro, o "Para você se animar e escrever seu livro", cujo título reflete o objetivo do autor, foi publicado em 2010. O terceiro, "O Projeto 3.7 e Nós", em 2011. No ano seguinte, 2012, publicou a versão em Inglês do terceiro, "The Project 3.7 and Us". Em 2015, o "A Califórnia e Nós". Em 2016, a segunda edição, ampliada, do "Para você se animar e escrever seu livro". Em 2017, reeditou o livro de poesia "Emoções que Ficam", de Osmar Bastos Conceição, seu pai.

Desde 2012, vem publicando, em seu blog, crônicas sobre assuntos variados, dentro do critério de escrever para amigos. O blog é acessado pelo "link":

http://www.washingtonconceicao.blogspot.com

A partir de 2013, passou a reunir em livros suas crônicas do blog, publicando sucessivamente o "Crônicas Selecionadas 2012 – 2013", o "O Meia Lua" (crônicas de 2013 e 2014), o "Uma vez por ano" (crônicas de 2014 e 2015) e o "Discurso de 85 anos", em 2018.

Neste ano, 2022, publicou "Osmar e Jurema", a história de seus pais, um casal brasileiro do século XX,

   Washington Luiz Bastos Conceição

nos cenários históricos de seu tempo, e este, sobre o casal de idosos no tempo do vírus.

Seus livros são publicados nas versões digital e impressa.

Declara, já nos seus 89 anos, que continuará a escrever, enquanto esta atividade lhe der satisfação e sua capacidade física permitir.

Washington Luiz Bastos Conceição
Rio, julho de 2022

***

www.ingramcontent.com/pod-product-compliance
Lightning Source LLC
Chambersburg PA
CBHW031311250726
48656CB00005B/1746